JN411345

오늘의문학시인선 410

섬서구메뚜기

최자영 시집

오늘의문학사

국립중앙도서관 출판시도서목록(CIP)

섬서구메뚜기 : 최자영 시집 / 지은이: 최자영. -- 대전 : 오늘의문학사, 2018
p. ; cm. -- (오늘의문학 시인선 ; 410)

ISBN 978-89-5669-883-0 03810 : ₩9000

한국 현대시[韓國現代詩]

811.7-KDC6
895.715-DDC23 CIP2018000395

섬서구메뚜기

▪ 서시

등에 얹힌 산 그림자
그늘을 내리는 날
만난 대학동창
조글조글한 기억 밖의 얼굴
나를 비추는 거울이
거기 있음을 보고 놀란다.

기다리지 않는 어둠이 찾아와
날은 저물고
흐르는 시간에 얹혀
용기도 욕망도 사그라진다.

어느새 세상 뒤에 숨은
희미한 배경 그림으로 남았는가.
모든 그리움들을 털어내야 한다.

길가에 핀 풀꽃 무심히 바라보듯이
마른 풀 타는 냄새로
조바심 한 덩이
나목 위에 내건다.
타다 남은 꿈 한 쪽도

비로소 눈이 떠진다.
멀었던 의식의 시공이 떠진다.

2부

3부

4부

5부

삶은 한없이 달달한 것이라고
애써 태평스런 생각으로 고단함을 지운다.

1부

도마 위의 고등어

칼을 든 생선장수
그대의 핏발 선 눈을 바라보며
더 핏발 세워 안간 힘 쓴다.

갈 때는 가더라도
순간의 열정을 쏟고 가야지
물속을 헤엄치며 마냥 반짝이던 날들

고마워 사랑해 미안해
말하고 또 말해도
나는 세상을 사랑한다. 외치며
생선 장수의 칼날을 기다리는
도마 위의 고등어

세상 모든 것이 이렇게
아픔으로 발등을 덮는구나.
등에 꽂힐 칼날의 덮침보다 더 아픈 건
"가면 그만인 걸"
피 터지는 심장의 외침 소리

유모차

의젓한 아기군주
비스듬히 누워 잠들어 있다
햇살도 아기 옆에 공손히 들어와 앉는다.
임금님 나가신다. 길을 비켜라
당당히 호령하는 아기 전용차

폭신한 이불에 싸여 반짝이는 까만 눈을 내놓고
사람들의 사랑스런 눈길을 온 몸에 받는 강아지
졸린 듯 눈을 반쯤 감고 여유를 즐긴다.
왕자의 마차다

구부러진 등허리에 고단의 무게를 실은 채
햇살 한 줌 태우고 총총 건널목을 건너는
할머니의 낡은 자가용
몸무게를 반쯤 실은 채 모시고 간다.
자꾸 잃어가는 기억까지 담은 채
비틀거리는 몸 의지해 걷는다.

양지와 음지의 얼룩진 그림자를 쫓아
모른 채 입 다물고 바쁘게 오늘을 싣고 가는
마차의 무게가 너무 무겁다

그림자

나와 함께 앞서거니 뒤서거니
평생을 함께 한 친구
내 그리움이 너의 그리움이고
내 기쁨, 슬픔 또한 너의 것

속을 들여다 볼 수 없는 사랑에 빠져
침묵으로 반란하는 그늘진 말들을 찾아 나선 길
해를 등져봐야 내 앞에 너를 세울 수 있다
빛이 없으면 흔적 없이 스러지는 구름

그림자로 살아가려면
밝음만을 따라야 한다.
은유의 옷을 벗어 던지고
희망을 켜둔 백열등 불빛 아래 서야한다

거미

전생에 무사였을까
살아있는 먹이만 쫓는 사냥꾼
줄을 타고 곡예를 한다.

거미줄을 타고 가다가
잠시 뒤로 물러나 망을 보며
먹이 수확을 위해 기다린다.

눈치를 보며 장애물을 피해
달려 온 한 평생
그물에 달라붙은 채
병술 년으로 건너 온 거미
고달픈 내가 있다.

검버섯

마른 바람에 얻어맞은 눈가, 입술
연한 부위만 골라 자리 잡은 살아있음의 징표
조글조글 밭을 일구며 퍼져나간다

살아 온 한평생의 훈장으로 돋아난
환영받지 못하는 상처로 들어 앉아
내노라 자리를 넓혀 가는 욕심의 찌꺼기

흰 것은 유난히 때가 타듯
맑고 깨끗한 영혼일수록 오염되기 쉽다
눈부심만으로도
온갖 세상 물정에 물들어 퇴색되어 가고

꿈이 진 자리
눅눅한 나이를 붙안고 묻혀가는 추억의 잔해
슬픈 사랑의 이력을 하나씩 검은 자국으로 찍고 간다.

소문 1

입술 끝에 달싹이던 말들이
자유롭게 부풀어 오른다
풀잎에 살짝 앉았다가
강변도로에 털썩 주저앉아
야곰야곰 씨를 떨어뜨린다.

누구라 가꾸지 않아도
꽃은 무성하게 피어나고
무더기로 날아다니는 꽃가루
허공중에 떠돌다 길을 잃었다

아무렇게나 내둘러 쓴 낙서처럼
흠집 투성이 몸뚱이가 되어
풀어져 버린 바람의 등을 타고
이곳저곳 기웃대며 들쑤시고 다닌다.

고향을 알 수 없는
종창 역을 알 수 없는
벼랑에 매달려 대롱이는 말
꼬리 내리는 일만 남았는가!

소문 2

속 깊이 감추어야지
명치끝에 매달려 몸살 앓는
터질 듯한 봇물

비밀의 문을 헤집고 살아나
궤도를 이탈한 철로 위를 달리고
기웃대는 눈빛들이 현란한 밤
말들이 서로 엉켜 흐른다.

새로운 하늘을 향하여
덜 깬 꿈을 싣고 떠나는
빗소리가 소문의 꼬리를 문다.

나의 가슴에
너의 가슴에
비수를 꽂고 스러지는
개운치 못한 안개 같은 것

망설임의 지렛대에 걸려
풍문이 되어 퍼지면서
난다, 날아다닌다.

사는 이치

밀물은 오고 썰물은 간다.
밀물이 오듯 희망은 오고
썰물이 가듯 불행도 간다.

주저앉은 울음들 일으켜
시간을 덧입고 달리는 바람도
내 홑옷을 감싸 안고 달린다.

길 언저리 맴돌다
굴절된 의지 세우고 싶어
오늘도 남은 시간 조각내
쉬지 않고 걸어간다.

뒤돌아보며 후회의 울음 한 끝 붙잡고
상상 속의 새가 되어
터무니없는 꿈을 꾸기보다
지나온 흔적에게
내 남은 삶의 길을 묻고 싶다

돌다리 건너며

물속에 굳건히 버티고 앉은 돌다리를 건너다
푸르게 떨며 나무뿌리에 칭칭 감긴 돌

눈 비 맞으며 계곡물에 닳고 닳아
둥그런 얼굴로 둥그런 하늘 바라보며
빙그레 웃고 있다

강물에 씻기고 씻기어 둥글둥글 제자리 지키며
옆구리 휘돌아 흐르는 물을
흘려보내는 돌을 보며
나 또한 돌이 되고 싶다

물길에 휩쓸려 깎이고 굴려져도
구르면서 더욱 단단해지는
그루터기 삶
깨어져도 더 단단해지는 삶이고 싶다.

나무장승

손 흔들지 못하고
서성이는 목장승이 된다.

검버섯으로 키운 시간의
꽃자주빛 그림자
바람 속에 묻으며,
하늘을 보며

산 너머 가버린 길 따라
눈 맞춘 바위
등마루 흐르는 허무의 땀방울로
속절없이 깊어지는
단절의 쓰라림이여

낙엽처럼 서걱이는 등뼈 속
한 켜씩 한은 쌓아 휘이고
앙상한 수수대궁으로 서 있는가!

그래 가야지, 이젠 가야지
목숨 부대끼며 힘겨워도
어쩔거나
아직 털지 못하는 이 손은.

새의 방황

눈 멀고 귀 먹어
날지 못하는 새
암팡지게 울어보지 못한
원으로 성을 쌓았다.

성문이 열릴 날 멀고
한 번 쯤 날아보려 하다가
날개마저 찢길까
행여 꿈이나 꾸는 세월

주저앉은 나무 둥치는 휘고
썩은 나무뿌리 수액을 끌어올리려
속을 끓이다
아득한 세상 밖을 넘겨다본다.

튤립 꽃의 말

나무줄기마다 수액이 흘러
다시 살아나는 잎들의 푸름을 보며
자신만의 별명을 들고 송이송이 핀 꽃
활짝 웃으며 혹은 웃을 듯 말듯
스마트폰에 가두어지는 꽃말들
노란색의 헛된 사랑
흰색의 실연
보라색의 영원 하지 않은 사랑은 멀리 보내고
자주색 꽃의 영원한 사랑에 살며시 귀 대본다.
빨간 색 사랑의 고백 쪽을 엿보면서.

계단을 오르며

부채살 모양의 계단을 오르며
삶은 한없이 달달한 것이라고
애써 태평스런 생각으로 고단함을 지운다.

공간을 점유한 광대한 자태에
지레 겁을 먹고 뒤돌아서고 싶기도 하지만
밟고 온 시간의 흔적이 아까워
까마득한 꿈의 깊이를 가늠하며
발자국을 떼어놓는다.

꿈이 쌓이고 지워지는 계단에
살아온 고단과 순간의 기쁨
웃음과 눈물자국이 거침없이 남아있다

오르기만 하는 나 혼자의 길을 떠나
등을 밀어주는 소통의 관계이어야 한다.
그러기에 스스로 오르는 것처럼 자만하는
내 속의 오기를 내어던진다.

오르기만 할 일은 아니다.
허리 펴고 심호흡 하며
뒤도 간간히 돌아보아야한다.
지은 죄도 조금씩 털어내며 가야한다.

벚꽃이 질 때

피어나던 때의 미모에 기가 죽어
하얗게 질려버렸지만
든든히 뿌리내린 큰 나무둥치가
자랑스러워 오늘도 행복하다

튀지 않음을 서운해 말자
희미한 꽃 색깔은 중용의 미덕
여럿이 어울린 수수함이 질리지 않는다.

산다는 일 별 거 있는가.
착각하면서 내일을 기다리는 일이지
그리워하며 주위와 어울리기 위해
희미한 그림자로 남는다.

뾰족한 꽃샘바람에
일순에 떨어져 날린다 해도
봄 향기 뿌리며 땅 위에서도
방긋 방긋 웃고 있지 않은가.

겨우살이

사는 일 쉽지 않은 해 저문 들녘
흙먼지 일으키던 바람이 숨고
징징대던 욕심도 수그러든다.

조바심 많은 내 겨우살이
추위에 깊어진 생각 불러들여
언어의 숲에 빠져보고 싶다
한 때는 미쳐 헤매던 시의 숲

등 뒤에 세운 것 하나 없이
옆구리로 지나는 시간을 바라본다.
슬그머니 달아나는 좋은 시절
추억 한 다발로 묶어 던진다.

눈眼

맑은 샘
푸르게 출렁일 때
희망은 찰랑찰랑 별로 뜬다.

열려 있음으로
반짝임으로
슬픔과 기쁨을 주는
외로운 떨림

나이가 들수록 흐린 세상
투명하게 비춰주는 창을 그리며
원점으로 돌아오는 저녁

짙은 속눈썹에 우수를 매달고
꽃봉오리 벙글 듯
열리는 또 다른 눈
은근히 피어나는 동양란.

새벽 빛

바다와 하늘의 경계가 모호한 깊은 밤
소리 없이 어제가 이울고
서둘러 일어서려는 신산한 새벽이
빛을 품고 오른다.

먼 길을 돌아와 서성이는
사는 일의 덧없음이
잠들지 못한 묵은 상념들을 밀어 낸다.

은빛 교감이 번쩍인다.
솟구치는 용기를 보라.
엉덩이를 치켜들고 떠오르는 희망
어둠의 물살에 갇힌 오늘이 지나면
어제의 상처를 치유한 하루가 일어선다.

대합실 2

호주머니 속 동전을 만지듯
꿈을 만지며
차표를 끊고
기차를 기다리고

낯선 얼굴들
낯선 이름들이
밀려왔다 밀려나가는
헤어짐과 만남의 길에
급행열차의 기적소리
우리들 가슴에
그리움으로 머물고

끝내 닿아야 할 종착역을 향해
저마다 소망을 품고
뒤 돌아보며
뒤 돌아보며
떠난다.

낮달 2

화장을 지운 민낯의 젊은 여자
불타버린 사랑의 재를 만지작거리며
파리한 얼굴로 낮은 하늘가에 매달려 있다

촛불 밝혀 기도하리

봄 햇살 가득한 바다에
이슬처럼 영롱한 꽃들이 지네.

어른들의 태만과 이기심으로
광란의 바다에 묻힌
봄날처럼 풋풋했던 아이들의 꿈들
너무 짧아 더 슬픈 사랑아.

출렁이는 파도에 밀려 어둠이 오고
피는 꽃 떨어뜨린 어른들의
자기 합리화만 어둔 바다에 떠다니네.

천번 만번 기도하면 하늘도 감동할까
타는 촛불 앞에 기적이 일어나기를….
물속에 잠긴 꽃이여
희망이여

* 2014년 4월 16일 세월호 침몰 사고를 보고

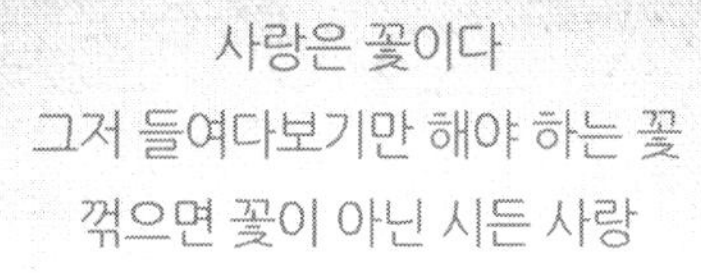
사랑은 꽃이다
그저 들여다보기만 해야 하는 꽃
꺾으면 꽃이 아닌 시든 사랑

2부

담양 죽녹원 길을 걸으며

담양 죽녹원 길을 걷는다.
너무 일찍 알아버린
외로움에 길들어
보이지 않는 소리로 가득 찬 대숲에
슬픔의 조각들을 떨어뜨린다.

사랑이 내게 오고 있음을
두려움에 떨며 기다리는 감성과
부정하려는 이성을 쥐고
죽녹원 '사랑이 변치 않는 길' 위에 서 있다.

점점이 찍힌 망설임 많은 '추억의 샛길'에
그리움을 심어놓고 돌아서는 나는
상처에 피는 꽃을 꺾지도,
일으켜 세우지도 못하는 시인

슬픔을 울고, 가을을 울고
사랑을 울고 있다.

섬서구메뚜기의 사랑

1.
성충으로 입성했을까.
베란다 고구마 잎에 터를 잡았다.
스스로 가슴 배 다리 구분하며 큰다.
보호색에 싸여 고구마 잎을 먹고
난 잎으로 옮겨 앉아 일광욕을 즐긴다.

2.
메뚜기의 고향은 고구마 화분
고향 둘레 길을 돌며 산책을 하고
화분 벽을 타고 암벽타기도 한다.
주인을 잘 만난 덕에
겨울을 모르는 메뚜기
낯가림도 없이 유리창에 기어올라
창밖 눈 쌓인 겨울을 넘겨다본다.
뒷다리로 자신의 오물을 쳐내며
제 사는 보금자리 청소를 한다.

3.

주인의 배려로 섬서구메뚜기는 아내를 맞아
신방 차린 지 11시간 후
아내 메뚜기는 홀연히 떠났다.
홀로 남은 신랑 섬서구메뚜기
TV 속 춤추는 아가씨들을 바라보며
즐기던 여유로운 웃음도 사라졌는가!
쓸쓸히 유리창에 붙어 창밖만 본다.
사랑을 잃은 슬픔에
찬 그림자만 드리운다.

사랑 23

사랑은 기다림이다.
멀리서 바라볼수록
전율로 전해지는
느낌표 같은.

사랑은 구름이다.
멀리서 바라보는 것만으로도
가슴 저리도록 행복한
하늘 떠도는 애드벌룬.

사랑은 꽃이다.
바라보기만 해도 예쁜
그저 들여다보기만 해야 하는 꽃
꺾으면 꽃이 아닌 시든 사랑.

기다림은 남아

기다리는 일은 남아
마른 바람에 꺾인 생각의 꼭지
저무는 해에 걸어놓고 서성이는데

날개 접은 새 한 마리
초조로움에 발목 잡혀
햇살 한줌 움켜쥔다.

아슴한 기억으로 달려와
목 쳐드는 열아홉 나이
떠난 이름들을 불러 세우고

아무래도 벗어버릴 수 없는
창창한 기다림
빈 의자에 앉아
부신 아픔을 접고 있다.
허드레 구름장 뜯어내고 있다.

부치지 못한 편지

한 마디 문자에 흔들리는 마음
차 마시고 싶다는 속내를 드러내고 말았다.
지하철 안의 작은 미동에도 흔들리는데
물결치는 가슴 속의 파도는 어찌 잠재울까?

분위기 찾는 내 말에 상처 받을
그대를 걱정하는 소심한 여자
어지러운 간밤의 상념들이 머리를 흔들고
나는 또 상처를 덪 내는 아픈 사랑을 비축한다.

내게도 이런 사람이

매일 아침 눈 뜨면 보고 싶어
제일 먼저 내가 생각난다는

강변 찻집에 마주 앉아
말없이 환하게 웃어주기를 바라는

뿌리치는 차가운 내 손을 잡고
숲길을 산책하고 싶어 하는

저문 시간의 시든 풀잎
간절히 일으켜 세우고 싶어 하는

이런 사람이 내게 있다면
내 그리움도
노을 등지고 일어서고 싶다.

사랑이여

두근대며 가만 가만 귓속 말 하는
그리움의 물줄기를 풀다
꼭꼭 여몄던 사랑의 불길은
아직도 꺼지지 않았는가.
바람에 에이듯 아련한 행복

내 앞에 멈춰 선 장년의 목소리
희미한 기억 속의 얼굴
눈길을 마주하지 못하고
추억의 파도를 탄다.

꿈속에서도 잊지 못한 사람으로
가슴에 남았노라는 그의 얘기가
귓속을 따뜻하게 감싸는데
일상에 묻히면 다시 잊혀진 채
세월은 흐르리라.
간간히 추억을
비밀한 아픔으로 꺼내보면서.

길 잃은 나비

– 시인 김 명순

문재文才를 받아 줄 인식이
준비되지 않은 시대
'이 사나운 곳아, 이 사나운 곳아'
찢겨진 시어를 던지며
어두운 질곡의 삶을 걸으며
두 어깨에 감수성의 날개를 달고
밤하늘 유성으로 빛나다
돌팔매에 맞아 떨어진 나비

어머니의 가난

늘상 도시락 반찬으로 싸 주시던
고춧잎 장아찌
보리밥 한 쪽에 칸막이 하고
장아찌를 담는 어머니의 손끝이 떨렸다.

학교에서 돌아 온 7남매 도시락을 받아들며
눈치를 보시던 어머니
마디 굵은 손마디 저림을 알지 못했다.

말없이 바라보시던 어머니를 뒤로 한 채
방문을 쾅 닫던 큰딸
방문 닫히는 소리에 스스로 놀래곤 했다.
어머니가 보고 싶다.

어머니의 가르침

어머니는 말씀이 없으셨다.
7남매 훈육에 입 다물 날 없으셔서
말씀을 접은 것은 아니었다.
그저 바라보았다.
그저 웃으셨다.
우리는 눈빛을 따르고
웃음을 따르며 사는 이치를 터득했다.
우리는 몸에 익히고 일하고 배웠다.
나의 딸에게 아들에게 배운 대로 노력했다.
그러나 지금의 애들은 알까?
과묵한 어머니의 깊은 속 얘기를,
하늘과 바다의 넓은 뜻을.

보리밥집

보리밥 집에 간다.
허름한 식기들에 곰삭지 않은 상추 겉절이
된장찌개와 나물무침에 보리밥
한곳에 쏟아 붇고 추억을 비빈다.

할머니와 아버지는 겸상
어머니와 우리 7남매는 두레상에 둘러앉아
숟가락을 왔다 갔다 하며 다 같이 퍼먹었다.
웃음 띤 어머니의 미소 속에서

바라만 보시다 수저를 놓으시는 어머니를 시작으로
우리는 차례대로 수저를 놓고
결국은 보리밥 한 수저는 늘 남았다.
"나는 괜찮다"시며 바라만 보시던
어머니의 눈빛을 알고 난 후의 우리의 밥상이다.

입안에서 씹히지 않고 밀리는 보리밥이 아닌
별미로 먹는 비빔밥 열무김치를 씹으며

왜 나는 눈물을 감추는가!

어머니의 나이가 되어 어머니가 그립다.

커피 타임

찻잔에
부신 아침 햇살을 받아
음미하는 아침
신음하는 바람
날개를 접어
그리운 그림자 키우며 산다.
적막 뒤에 숨어버리는
나의 그림자
찾아나서는 시간.

커피를 마시다

봄비 내리는 창가에 앉아
눈물 한 스푼에 그리움을 저어 마신다.
눅눅한 우울이 달콤한 커피 속에 섞인다.

오래 전 곁을 떠난
당신의 안부를 묻고 싶은 날
문밖에 서성이는 그대 환영을 불러와
커피 잔에 풀어 넣는다.

하늘은 멀리 보이고
기다림은 끝날 줄 모르는데
너를 향한 그리움이 켜켜이 쌓인
심장의 통증은 어찌 다스리나.

백련사

동백이 줄지어 마중하는 길
이미 죽어
썩어지려는 꿈 조각을 밟으며
흙길을 걷는다.

바람을 타고 풀풀 날리는 추억들
초파일 등을 떼는
아저씨들의 등에 얹혀
잠시 쉬고 간다.

늙어가는 나무들의 그림자를
반기는 빛깔 고운 단풍나무
손 내저으며 다가오는
사랑을 물리치고

정념이 끓는 아카시아 숲
팝콘 주저리주저리 매달고
네 잎 크로버를 찾는

초로의 여인
얼굴에 미소가 번지는데

그 미소를 지켜보는
절 문간의 개 한 마리
한 낮을 졸고 있다.

사랑의 법칙

사랑은 바다에 표류하는 배
손 내밀어 잡을 수도, 탈 수도 없는
그저 망망히 바라보고 서 있어야만 되는 일

나는 사랑을 갈구하고
그대는 눈을 먼 곳에 두고 말없음표
타는 가슴 , 무한한 정
바람에 실어 보내지만 닿을 수 없어
사랑의 키만 키운다.

사랑은 말로 다 할 수 없는 것
아주 오래 깊이 앓아 본 사람만이 안다.
속속들이 다 타버리고 난 후
꽃잎을 하나씩 떨구듯
지나온 세월을 버리는 것

사랑이 온다는 건
한사람의 우주가 들어오는 것
그러기에 사랑은 영원한 꿈이다.

해남에 와서

땅 끝에 왔습니다.
중부의 여인
땅 끝 해남에 와서
망망한 바다에
사랑을 두고 갑니다.

그리움을 찍어놓고 갑니다.
누가 감히 사랑을
이별이라 말 할 수 있나요?

두 개의 바위섬 사이로
얼굴을 내밀었다가
달마산 마왕사 대웅보전 뒤로
달아나는 해를 보며
조용히 무릎 꿇어
무한한 바다의 아량에 취해
두꺼워진 때를 씻고 갑니다.

불꽃이여

— 전혜린

타는 장작불이었다.
완전한 자유를 꿈꾸며
짧은 생명의 잔을 비우고 떠난
꽃이여, 그대는

검은 머플러의 우수를 목에 감고
살아온 땀에 젖은 걸음걸음
새로운 별을 찾아
남이 걷지 못한 길
서슴없이 걸어간 예지의 발자국
신화 속에 남았다.

만나는 자리에서
떠날 자리를 꿈꾸는 영원한 손님
아무것에도 머물지 않는
깨어있는 의식
인식을 향해 한없이 손짓한다.

그대의 언어와 고독과 사랑
우리들 속에 큰 숲을 이룬
활화산이었다.

서른 두해 짧은 길
완전한 연소였다.

무등산

백마능선 갈대숲에
어우러진 진달래 꽃
절벽을 오르는 내 뒷자락을 붙잡는다.

구름에 반쯤 얼굴을 내어주고
반은 숲에 안긴 채
불타고 있는 산 봉오리

바라만 보아도
서늘해지는 물줄기
골짜기마다 경쾌한 음악을 선사한다.

쉼표를 찍으며 걷다 바위에 앉아 쉬면
무등산 거대함 앞에 고개가 숙여져
혼자라는 쓸쓸함을 거둔다.

높은 하늘에 흐르는 구름과 같이 앉아
검게 솟아오른 돌기둥에
오늘을 새겨놓고 간다.

논두렁 자운영 꽃 같은 어머니
어머니는 어디 계신가요?

3부

뜨개질

가지런히 산등성이 올라선
하루의 아픔이
숱한 말들에 부딪쳐 돌아와

느리게 온 나를 스쳐
줄줄이 끝을 향해 달려갈 때
어둠 저편
환히 고개 드는 꽃불 한올 한올에
그리움의 넋을 심는다.

손끝이 보일 듯 말듯 흔들리는 시계 속에서
저마다 색다른 모습으로 드러나는
낯선 만남
내 올곧스런 생애가
씨줄 날줄로 뛰고 있다.

찜질방에서

먹어서는 안 될 보약까지 먹고 배부른 자
허욕의 살을 안고 부끄러움 모르는 자
하늘 보고 누워 살 빼고 싶은 자

겨울 바다의 황량함에 안겨
바다보다 더 넓은 알 하나 품고
저녁 밥값이 되지 않는 그림을 그리는
예술가를 비웃는 속이 텅 빈 자

풋보리 방아질의 보릿고개를
돈방석 열기에 휘감겨 억지 땀을 흘리며
되지 않는 사랑을 꿈꾸는가!

아는 것이 많을수록 어지러운 세상
용광로 속에 두 다리 쭉 뻗고 누워버리는 일
허망의 앞가슴 풀어헤치고
온 몸 젖어 울어대는 일
펄펄 열 내어 지친 영혼 찜질해
좍좍 물 퍼부어 열 식히는 일

덕지덕지 지은 죄 땀으로 불려
내가 모르는 허물까지 벗고
가벼워진 몸으로 날아가고 싶은
한없이 풀어지는 자유로운 평화.

촛불

어둠 불 질러 세상을 밝히고
난장이가 되어가는 너
육신의 아픔 감추고
눈부심 남김없이
넘어뜨리는 용기에
부끄러움 여미다.

어둠 어우르며
차갑고 감미로운
촛농으로 풀어지다
등판에 여린 심지하나 세워
태우고 태우는 저 찬란함

태초의 모습 찾기 위해
길게 늘였던 눈물의 그림자
점점이 작아져
스스로 소멸하는 장엄한 죽음
부신 아름다움이다.

소풍

한 무리의 새들이 지난다.
도로를 가득 메운 새들의 지저귐
가로수들이 지저귐에 맞춰
단풍 든 손을 들어 박수를 친다.
박수소리 뭉개며 차들은 달리고
지하철은 둔중한 소리로 옛날을 깨운다.

가볍게 젊어진 새들의 보온밥통 속
김이 나는 밥 대신
식어버린 보리밥이 담긴 양은 도시락
딸랑이는 소리 귓바퀴를 돈다.

하얀 서리를 이고 있는 머리는
자꾸 비어가고
손닿을 수 없는 어제를 그리며
오늘을 잊은 채 그저 웃는다.

버려진 드럼통처럼

쓰레기 더미에 버려진 드럼통
“버린 넘은 자수해라”
서툰 낙서를 입에 물고
몸 둘 바 몰라 서성인다.

한 때는 터질 듯한 꿈을 채운 채
근엄하게 서 있었지.
꺼져가는 불빛에
공허한 그림자를 만들고

가슴 속 타고 남은 추억의 그림자 한줌
움켜 쥔 낡은 내가
고장 난 가로등 불빛 아래
혼자 서 있다.

산길을 오르며

오를 때 올라가는 길이
내릴 때는 내리막길이다.
오르막과 내리막의 만나는 곳은
땅 위에서는 중간이다.

내리막을 두려워하면서도
부단히 오르는 것은
산 너머의 새로운 길을 만나기 위함이다.

삶의 길이 오르막만 있는 것이 아니듯
행과 불행도 공평하게 공존한다.
도착이 목적이 아니라
오르는 여정에 있다.

안내하는 소슬바람 앞세우고
가빠지는 숨결을 고르며
오르고 또 오르는 험준한 산길
산 너머의 밝은 해를 쫓아가지만
도달하고 보면 중간이다.

새벽운동

발목에 휘감기는 어둠
탁 탁 털어내며 걷는다.
뼈마디 마디에 바람이 들어
발걸음 떼어놓을 때마다
요란스레 덜컹거리는 몸속의 반란
지 지 직 소리를 내며 허물어진다.

금 간 벽 속에 흙을 다시 채울 수 있다면
새로운 꿈도 꿀 수 있겠지
온 몸 푸르게 살아나기를
굳어서 소리치는 장기를 일으켜 세우려
웰빙을 노래하지만
매연에 휩싸여
보이지 않는 구름처럼
뼈 속을 휘젓는 시린 바람 탓할 수 없다.

60여년 삶의 무게 견뎌 온
잃어버린 시간을 찾기 위한 몸부림이
시침을 돌려놓았는가!

되돌아 갈 수 없는 젊은 날의 향기
왜 부질없이 솟구치는지

꿈속에서도 떠나지 않는
조바심의 냄새를 털어내는 일
나를 송두리째 내 놓는 일
그 길이 나를 찾는 길임을
새벽 찬바람을 맞으며 알게 되었다.

쿠쿠가 밥을 짓는다

씻어서 나온 쌀로
예약된 시간에 손대지 않아도
밥은 시작된다.
칙칙칙칙 기차가 지나는 소리를 내며
푸우 하품을 한 후
예약 시간이 지나자
"쿠쿠가 밥을 완성 하였습니다
밥을 잘 저어주십시오."

양푼이 비빔밥

보리밥 집에서 별미로 먹는 비빔밥
양푼에 비벼 먹으며 울컥하고 목메는
추억을 가려낸다.

지금은 별미가 된 보리밥이
어린 나에겐 배고픔을 덜어주는
귀한 생명줄이었다.

두레상 앞에 할머니 아버지 어머니
우리 7남매의 얼굴이 있었었다.
더러 이웃이나 친척이 간식이 되기도 했다.

보양식을 먹으며

감기 몸살이 올 것 같다는 얘기에
보양식 먹으러 가자고 한다.
폭염주의보 긴급 경보로
연일 스마트폰이 우는데
성화에 못이기는 척 따라 나선다.

고기 한 점 슬그머니 내 수저 위에 얹어준다.
가슴이 따뜻해짐은
보양식의 열기 때문만은 아니리.
서둘러 끌어당긴 저녁놀을 살짝 밀쳐내며
텅 빈 항아리에 사랑을 채우고 싶다.

할미꽃

산다는 것은 홀로 서기 연습
한 쌍인 만남과 이별을 거쳐
눈썹달 바라보며 혼자 서 있다.

강물에 뜬 외로움이
쓸쓸하기만 할까
허리 굽은 겸손을 배운다.

눈물겨운 할머니의 생애
왜 그리 오래 기억 되는지
고개 숙여 묵도하는 무덤가
서러운 꽃으로 피었다.

일상의 물레를 돌리다 보니
까마득히 먼 길이라 생각했는데
어느새 완주해 결승선에 닿았다.

할미꽃의 독백

고개 숙였다고 할미꽃!
너도 늙어보렴
고개 숙인 꽃이 되는지

달달하면서 쓴 세상살이
애써 감추고
무덤가 흙더미 들추고
고개 내민 보라색 눈물

가난한 마음자리에
눈물 모아
꽃송이 피웠다.

세종시의 안개 속에서

대청호의 안개
시야를 좁힌다.
눈물처럼 넘쳐나는 생각들이
안개 속으로 첨벙 뛰어든다.

서러워 울지를 마라.
반짝이는 눈물의 의미를
피 토하는 절규로 대답한다.

연기군 금남면 시절
자신의 이름을 부르며
내 집 주위를 돌던 한 사람
그의 얼굴이 안개 속에서 환하게 뜬다.

손톱을 깎으며

끝맺음이 서툴러
늘상 미련을 남기며
생의 줄기
밖으로 밀려난 여분만을 자른다.

금간 마음 깎아내
초승달로 떨어진 결별
등 돌릴 사이 없이 다시 자라는
근심 걱정
뿌리에 이어지려 화해를 시도하며
비굴한 웃음을 흘릴 때

아직도 끝나지 않은 나의 염원이
견고하게 자리 잡는 근심을 떼어내고
제 자리에 들어선다.

고아

일곱 살 적 옥니로 자랐어요.
칡뿌리 씹는 단맛도 알아요.
꿈조차 잠든 새벽
잡풀로 자라는 가난을 밟고 갔어요.

밤비에 합숙소 새우잠이 젖고
흔들리는 창문으로 세월은 흘러가도
논두렁 자운영꽃 같은 어머니
어머니는 어디 계신가요?

습습한 풀숲에 앉아 미움만 뜯어내며
어머니 고운 얼굴 보고파서
이슬 눈에 별나라만 삼켰어요.

불꽃 축제를 보며

불꽃이 터지면
한 송이의 꽃이 피어나고
한 그루의 나무가 자라나고
오롯한 하나의 사랑도 피어난다.

피어난 꽃 한 송이
한 그루의 나무
하나의 사랑이
바다 깊숙한 곳의
새 희망을 부르고

터진 불꽃이 별 떨기가 되어
까만 밤을 수놓을 때
은밀한 사랑도 활짝 피어나
꽃처럼 별 떨기처럼
솟아오르는 불꽃이 된다.
희망을 터트리는 바다가 된다.

스마트폰

나는 오늘도 너의 안부를 묻는다.
나무줄기마다 수액이 흘러
다시 살아나는 잎들의 푸름을 보며
너의 답신을 기다린다.

튤립꽃 축제장 별명을 들고 송이송이 핀
꽃 속을 걸으며 스마트폰에 가둔다.
꽃이 피어나는 영상과 아름다운 모습을
터치 한번으로 전한다.

언제 어디서나 순간의 포착으로
영상이 움직이고 색깔이 변하는데
변하지 않는 것이 있을까
사랑을 살그머니 끌어안는다.

바람은 예고 없이 불고
눈비가 내릴 때도 변하지 않을
마음자리 하나 지키고 싶어
나는 오늘도 너의 안부를 기다린다.

도시의 예수

병색의 방범등 아래
엎드린 새벽 길
바람 등에 업은
영업용 차 불빛에 눈이 부시어
차라리 눈을 감는다.

식솔들의 말없는 말들
시린 손목에 모아
후줄근한 도시의 몰골을 쓸며
올려다 본 산등성이
하현달 하나 쓰러져 눕는다.

가난은 완장처럼 따라다녀
옆구리를 찌르는데
기침으로 일어서는 먼지 쏟으며
질펀한 설움 한 사발
해장술로 마시다

어둠 밀어내는 외등 밑
싸륵 싸르륵 졸고 있는 하루를
일으켜 세우는 예수
언제쯤 빛나는 새벽 별로 승천할까

호박씨

눈길 받지 못해도
서러워하지도 못하면서
잡풀 속에 갇혀 싹 틔운 씨앗
호박잎 뒤에 숨어서 크더니
몰래 키운 희망 한 줄기
달덩이 하나 퍼질러 앉혔다.

담쟁이

절망의 벽 앞에서
좌절하지 않는다.
양 다리 착 붙이고
힘차게 오른다.

여럿이 손잡고
절망이 푸른 희망으로
덮일 때까지
발맞추어 오른다.

잎과 줄기가 뻗어 엉켜도
오직 한길을 위해 뭉쳤느니
서두름 없이 순산을 기약하며
오순도순 오른다.

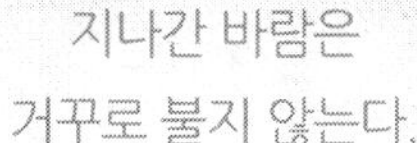

4부

가을 저녁

단풍 잎 떨어져
울고 가는 저녁나절
가을소리를 따라 흐른다.

바다에 안기려는 저녁 해를 밀어내고
뒤척이는 하늘 속의 구름은
고단한 하루를 바다에 푼다.

마른 잎새 위에 손을 얹는 바람
한 줄로 흐르는 구름을 배웅한다.

별을 보면 그리움이 살아난다.
오랜 기다림 위에 얹힌
어머니의 짠 눈물
무한한 사랑

자화상 1

몇 번의 뒤척임으로
봄, 여름 뒤로 세우고
가을 끝자락에 선 바람이다.

미미한 여름 주름살로 구겨들고
넉살 섞인 푸념 속에 키워 온
기다림의 날들

헤프게 써버린 푸름은
햇빛에 바라고 바래
추억 한 잔으로 남았다.

이제 홀연히 작은 품 열어 보일 때
굽은 등에 허름한 삶
지고 넘는 쉰 고개

빛바랜 사랑이
어깨 위에 갈잎으로 떨어지는데
아직도 피돌기는 잠들지 못한다.

자화상 2

흐르는 물살에 밀려
남루한 뜨락에
등 굽은 나무로 섰다.

더러 빠뜨려 보고
알아도 모르는 척
보지도 말고 듣지도 말 일이다.

늘 달아나는 햇빛을 끌어와 보지만
조바심으로 타는 가슴만 쓰릴 뿐
해는 이미 기울고.

내 살아 있음의
멀고 아득한 것까지 그리운
부질없음마저 챙기고 싶다.

돌아가리라, 알몸의 겨울나무
더는 쓰러지지 않기 위해
안간힘으로 봄을 일으켜 세운다.

6월 숲에서

마음이 흔들릴 때
숲길을 걷는다.
바람이 부는 대로 흔들리는 나무들
덩달아 신명 난 새소리, 물소리
숲은 온통 소나기 쏟아지는 소리다.

흔드는 대로 따라가 볼까?
깊은 함성을 품은 채
몸으로 말하는 나무 곁에서
나도 한그루 나무가 된다.

나무 옆에 서면
나무가 되고
물가에 서면
물이 되는 거지
이것이 사는 일이지.

숨 가쁘게 달려 온 세월을 감아쥐고
이른 숲의 나무와 물과 햇빛에

푹 젖어드는 일
커다란 그리움의 그늘에 들어
나 또한 누군가의 그늘이 되고 싶다.

낙엽

놓아 주어야 한다.
연습이 없어도 이별은 오고
수채화 같은 인생도 퇴색된다.

사랑이 내리는 길 위에
시름없이 옷을 벗는 나뭇잎들
앞 다투어 몸을 던진다.
뿌리 잃은 희망의 끈을 놓는가!

주어진 배역은 끝나 가는데
어이 할거나 붉은 피는 솟고
자유를 꿈꾸는 가을 사랑
스쳐 지나는 바람이 냉큼 받아
붉게 타는 놀빛 그려 넣는다.

계룡산

— 갑사를 추억하며

시간의 줄기를 돌려
사십년 전쯤
단풍 숲으로 흐르게 하고 싶네.

어깨를 들썩이던 바람 사이로
빛나던 햇살 푸른 숲 붉게 물들이고
수줍음으로 타던 사랑도 붉어
손잡고 걸어갈 험한 길 마다하지 못했네.

사랑으로 매듭 지어진 생활의 줄기
힘든 길이었지만
뒤돌아보며 추억할 수 있는
어제는 아름다웠네.

계곡을 끼고
고즈넉한 종소리 울려 퍼지네.
부끄러움을 잊은 얼굴 덮개가 끼어
취한 사랑이 비틀거리네.
평생 취해 있고 싶은 산이 거기 있네.

숲에서

푸른 사랑을 뚝뚝 베문 나무
기다림의 눅눅한 발길로
여리고 보잘것없던
어제를 생각한다.

튼튼히 내리지 못한
나의 뿌리에 하늘거리던 잔가지
구름이 내려앉은 산등성이에서
긴 밤을 흔들리며 버텼지.

이제 비온 뒤의 햇빛 아래
잔가지 추켜올려 살 오른 잎사귀
가득 가득 펴든 웃음
팔팔하게 살아나

진한 잎사귀 뒤에 얼룩진
자잘한 아픔일랑 잊기로 했네.

맨발로 서서 보는 하늘이여
내 여정의 숲이여.

초승달

초승달이 눈썹을 치뜨며 석양을 밀어 낸다.
순간 고개 드는 어둠이 달을 에워싼다.
기억의 저편 밑줄 그어 놓았던 추억들이
실실이 그리움으로 풀어진다.

밤은 하루의 고단을 안고 밀려든다.
서서히 소멸하는 하루의 잔재
대적할 힘을 잃어가고

찻잔에 눈물방울 떨어뜨리며
서럽게 울고 있는 저녁 해
내일이라는 씨앗 하나 남기고 간다.

씨앗을 받아 안은 초승달
내일의 희망을 속으로 키우며
어둠을 뚫고 하늘을 떠돈다.

음지식물

고층빌딩 아래 여린 풀
온종일 눅눅함에 젖어
가는 허리 휘청대며 키만 키우네.
어둠에 싸여 살이 찌지 못하네.

가랑가랑 말라가는 창백한 자존이여
긴 목 휘감는 이슬에 목축이며
넓은 들로 나가고 싶지만
짧은 해는 이미 스러지고
그늘만이 나를 감싸네.

그래도 희망은 속삭이네.
쥐구멍에도 볕들 날 있지
어둠과 밝음. 속과 겉이 있음을
음지에 있어보면 알 수 있네.

지나간 바람

지나간 바람은 거꾸로 불지 않는다.

가슴 언저리를 스치고 지나간 바람처럼
휘돌아 나간 팔팔하던 젊은 날
손사래마저 없다.

시냇물 소리도 입 다물었다.
요란스레 흙탕물이 흐를 때 돌에 씻긴
숱한 상처 자국만이 아프다.
가까운 곳을 두고 먼 곳만 바라보다
옆에 와 선 바람이 시원한 줄 몰랐다.

바람이 내 볼을 간질일 때
눈물이 났었는데
이제 눈물도 메마른 채
황량한 벌판의 어둠을 바라본다.

그림자마저 흐릿해진 바람의 등을
쓰다듬는 내가 있다.

지나간 바람은 거꾸로 불지 않는다.

겨울 냇가

지나가는 전깃줄에
목을 걸고 우는 바람 소리
소리 없이 눈발 하나 떨구고

명주실 햇살 한 줄기
등허리에 받으며
잠수교를 건너는 겨울

바람이 센 한낮을
염려할 사이도 없이 밤은 오고
산모롱이에 떨어진 키 작은 햇살을
손 흔들어 배웅한다.

흔드는 손 내리기도 전에
별들이 하나 둘
어둠으로 자리를 깔고

아이들의 썰매 자국 상처로
군데군데 몸을 다친 얼음판 밑

얼지도 못하고 서성대는 고향 냇물
주춤거리는 생각을 싣고
봄을 향해 흐른다.

들국화

산성 밑 바위틈에 숨어 핀 꽃
무엇이 부끄러워
고개 들지 못하는가!

화려한 날들의 오만이
내 곁을 스쳐 지나고
시간은 내게 자성의 시간을 묻는다.

얼마나 겸손하게 살았는지
배려와 용서의 시간을 가졌는지
고요히 고개 숙이게 한다.

동백

강렬한 눈빛으로
사랑한다 말하고 싶지만
차마 말 못하고
길 위에 점 하나 찍 듯
열정을 떨어뜨린다.

가지 위에서 피고
떨어져서도 피어 있는 꽃
가장 아름다운 순간에 낙하하는
정념의 불꽃

피를 뚝뚝 흘리며 꽃잎은 떨어져
내 발등을 덮는다.
꽃 향이 남아 있는 발등을 쓰다듬으며
내 삶의 길을 환히 밝히는 꽃길에
그대를 세운다.

소리도 없이 오는 듯 안 오는 듯
내리는 가랑비에 젖는다.

5부

비 1

속살을 어르며 불어대는 피리소리였다가
한바탕 불춤으로 쏟아내는 가슴앓이였다가
거울에 말갛게 다시 보이는 세상살이.

비 2

구름과 함께 서성이다
길을 잃은 미아가
갈림길에서 헤매고 있다.

출렁이는 맨살의 흐느낌
간단없이 토해내며
허공에서 투신하는 외로운 영혼

서너 평의 흐린 하늘과 헤어져
길바닥에 너부러지는
눈물의 의미를 아느냐?

불치의 병을 앓던 누가 죽어서
여러 해 고인 눈물 흘리는 소리

모든 길을 일으켜 세워
도도한 함성 외치며
내달리고 싶은 자존이여,

풀잎과 나의 잠과
숨은 세상을 적시는 그대에게
축축한 편지를 쓴다.

봄비 1

기다림으로 젖고
기다림으로 마르는
신부의 발자국

몰래 몰래 다가와선
이슬로 스러지는 그대
덧니 보이며 살짝 살짝 웃다가

벙어리 새가 되어
날개도 접고
가슴 처마에 떨구는 그리움

차마 말 못하고 꼭꼭 숨어
나붓나붓 내리는
신혼의 은빛 수줍음이여.

봄비 2

부끄러운 이마 씻어주는
유순한 눈물이다.

발등 적시며
갈라터진 속살 깊이 스며들어
가슴 가득 불 켜든 바람

언사랑 녹여
기억의 갈피마다 되살아나는
다감한 우리들의 이야기

진정으로
가만 가만 다독이는 어머니 음성.

봄비 3

유년이 걸어오고 있다.
추억의 필름이 돌아
흑백 무성영화 변사의 목소리
구슬프게 들린다.

비닐우산 속 무명치마 저고리
가난에 젖어 구겨지는데
따르는 연한 빗줄기
자욱한 먼지의 잠을 재우고

멀리서 달려온 검정 고무신 안에
칭얼대며 젖어드는 유년
바랜 기억의 날실을 뽑아내
추억의 필름을 돌린다.

2월의 비

흐르는 시간 속에서
성큼 다가와 서는 봄
음습한 가슴앓이 쏟아놓는다.

어디까지 끌려갈 것인지
세상 이치 깨닫지 못해
아직도 서성이는 이 덧없음

마른 벌판 휘휘
손톱 세운 바람만
피하려는 겨울을 몰고 다닌다.

잔설은 시나브로 녹고
서둘러 돌아오는 새
목마름이 봄비를 부축해 온다.

들판으로 풀려나와 서성이는 꿈들
바람결에 쏙쏙 일어서
단비를 받아 마신다.

가을 비 1

서두르진 않으마.
넉넉하진 않으나
감아 둔 타래 풀어내듯
시름없이 내리마.

적시며 녹이며
마른 소리 챙겨
새 길이라도 틔우는
종종걸음이게 해주마.

귀 열린 오솔길에
산 그림자 벗어놓고
도랑물 흐르듯
내 망설임도 흘려보내마.

살아갈수록 깊어지는
내 주름살
타고 내리는 찬 기운
그러나 서두르진 않으마.

가을비 2

실로폰 소리로 부르는 사랑노래
헐거워지는 가슴을 여미며
날개를 접어 물보라로 떨어진다.

온 몸 깊숙이 쌓이는 연서
쉼 없이 풀어내며
사랑이 오면 오는 대로 쉬었다 가게

혼자 맞아야 할 겨울을 외면 못해
서둘러 스산한 바람을 데리고 걸어가는
눈물의 사랑스러움이여.

누군들 빗물로 스러지고 싶을까,
그 떨림의 여운을 오래 간직하고 싶어
붉은 낙엽으로 눅눅한 나이를 뿌린다.

겨울비

허물린 가슴에
비수를 꽂고 달아난
우리의 약속

주먹질 하듯 두드리는
빗방울 아니건만
돌아서는 내 목덜미에
차갑게 박힌다.

헛꿈 깨지는 소리에
두서없이 흔들리는 빈 가지

떠나려 발 떼어 논 추위가
추억을 싸안고
강물 속으로 묻히는데

잎 눈 틔우려
깨금발로 달려 온 봄바람
솨 솨 몰리는 비를 맞는다.

소나기

어느 날 갑자기 그는 내게로 왔다
천둥 번개를 동반한 구름을 타고
요란한 발자국을 찍으며
창문을 두드린다.

결코 올려다보지 않으리라.
"미안하다."
"좋아 한다."
말하지 않으리라.
구름은 흠뻑 젖어 산과 바다,
들과 길 위에
분별없이 비로 내려 꽂혔다.

길 한가운데 서 있는 구부정한 나
길 위의 무수한 발자국에 고이는 너를
아직은 받아들일 수 없다.
느낌표처럼 꼿꼿하게 서 있고 싶다.

봄비 속의 정원

봄비를 맞으며
허물을 벗는 나무들
조금씩 변신한다.

빗방울 하나에 눈을 뜨고
아직 보지 못한 생명에
불씨를 당겨 새 순을 틔운다.

기웃 기웃 고개 내민 어린 싹들
철모르고 칭얼대기 시작하는데
빗방울의 차가운 입맞춤에
놀라는 여린 이파리
묵은 세포를 일으켜
꽃봉오리를 맺는다.

싹을 틔우고 잎을 틔우고
꽃을 피우기 위해
자양분을 끌어올리는 나무둥치

자리다툼하는 뿌리들
땅속 깊이 뻗어 내린다.

여린 잔가지들에
더 큰 사랑을 주기 위해
온 몸으로 빗물을 빨아들인다.
세상 사는 이치 그러하거늘
새 살 돋는 발자국 소리 속
되돌리고 싶은 이순의 나이가
맑은 햇살 몰래 물고
다시 솟구치려한다.

비오는 날 1

소문처럼 비는 내리고
먼지로 스러지는 도시의 헛기침

깨어 일어서는 안개 숲
향기 짙은 그대 말씀
조롱조롱 피어나
속절없이 보채는 그리움 한 잎
강변에 물비늘로 떠오른다.

그대 앞에 서면
실핏줄까지 일어서던 기쁨
가슴속 깊이 불씨로 묻고
돌아서서 우는 미망의 아픔
어루만지는 바람

그 바람 무너져 눕는 벌판 끝
잊혔던 내가 빗소리에 깨어나고
비에 씻기어 말갛게 일어서는 사랑.

비 오는 날 2

가로수처럼 젖어
구겨진 베옷자락 거머쥐고
올망졸망 아들 셋.
큰 아이 작은 아이 달래고
작은 아이는 막내를 달래다

어머니 가신 설움
흰 고무신 코에 몰아넣고
대합실 구석에 꿈을 던진 여인아,
아직도 못 거둔,
사랑으로 떠도는
어머니의 게시를 보는가.

마른 풀로 한 세대는 가고
귓전에 퍼 올린 밭은 음성
소나기로 쏟아져
널브러진 허물
지우고 간다.

비오는 날의 사랑

어둠속으로 들어와 앉은 열정이여
사랑이라 말해도 될까
내가 누구이기에
가을은 온종일 비를 뿌려주는가.

손에 잡히는 열매는 없어도,
열매가 채워지지 않았어도
이 계절이 주는 의미인
꽃 보라의 노을 속에서
마냥 흔들리는 모습을 보고 싶다는 그대여.

눈물뿐인 생각 이랑에
빗물 같은 사랑이 흐르고 있음을,
이성이 물고를 막기 전에
틔워주길 기다리는 이기심이여.

가랑비

소리도 없이 오는 듯 안 오는 듯
내리는 가랑비에 젖는다.
시나브로 젖고 있는 옷처럼
이미 깊이 숨어든 그리움
가슴을 흥건히 적신다.

맞을 채비도 되지 않았는데
깊이 들어와 앉은 손님
풀잎에 살그머니 내려앉아
연한 볼을 살짝살짝 건드린다.

가슴 설레게 하는
미성의 목소리에 젖어
울고 있는 내 눈물을 동봉해
그대에게 띄운다.

새벽 비

깨어나고 있다.
귀를 연 새벽
까치발로 걸어
마당귀 어둠 쓸어내는
깃털 세운 추억들

"얘야 일어나라."
자박자박 어머니 버선 발
굳게 닫힌 방문을 두드리며
가슴을 적셔
생기를 풀고 있는 비

눈물겨운 이야기
사륵 사르륵
생솔잎 몸 부비는 소리로
밤은 길을 비키고

한 잔의 맑은 물을 위해
안개에 싸인 풋내 나는 첫정

청정히 일으켜 세우는

가위눌린 내 의지.

비는 그치고

비 그친 오후
무지개 걸린 하늘 아래
비둘기 떼
못다 푼 사랑 나누려는가.

기쁨은 차올라 꽃바람 불어
닫힌 문들이 열리고
투명한 산의 눈빛 마주하였다.

산사태와 해일. 홍수의 뒤안길에
찰랑이는 화평의 물소리
진실의 함성을 지르고

권위와 타성의 굴레를 빠져나와
편견의 가시덤불 헤치며
고집으로 물든 오늘을 떠나보낸다.

미움처럼 매달린 곁가지
후려쳐 잘라버린 고목

아픈 군살 뚝뚝 떼어내며
비 개인 하늘 바라보고 싶다.

이제 저 등 굽은 산등성 너머
먹구름 자리에
숨어 피던 별들이 살아난다.

비온 뒤

떠남의 또 다른 시작이여
내달리는 바람 뒤에
나목의 살 오르는 소리
부서짐으로 깨어나는 이 기쁨
없던 길 하나 틔우고
비 개인 후
잘 닦여진 하늘 자락에
얼어터진 손등 씻으며
돌아나가는 겨울의 야윈 어깨 너머
눈 비비며 젖어 돌아오는 아침
실한 꽃으로 번지는
사랑이여!

빗소리

빗소리를 듣는다.
잠이 오지 않는 밤
내 영혼을 깨우는 소리
내 속에 노래로 들어와 앉는
당신의 저음의 목소리
반가워 창을 연다.
차가운 빗방울이 정신을 깨운다.
목 메이던 노래 젖은 채로
사유의 바다에 흘러든다.

■ 시인의 말

비가 내린다. 울적한 마음 한 아름 안고 거리로 나선다. 비가 뿌려지는 거리를 우산도 없이 걸을 수 있다는 것은 아직도 낭만이 남아서일까.

대학시절 장대같이 쏟아지는 빗속을 뚫고 친구와 함께 금강 수위를 지켜보고 산성공원을 걷던 때를 떠올려 보며 혼자 웃는다. 흰 머리칼 듬성한 화장기 없는 얼굴의 여인은 초라하기 그지없으리라, 철저히 초라해지리라, 마음먹고 걸어 나간다.

받기를 반가워하지 않는 시집을 몇 십 권 떠맡긴 지 두어 달. 용기를 내어 시작한 책값건이 날. 머뭇거리며 단골 서점에 들어선다. 서점의 문턱은 높지도 않건만 다리는 왜 이렇게 무거운 것일까! 두두룩한 턱 사장 눈치를 살피며, 웃음을 꽃처럼 피우며 인사를 한다. 경리 아가씨에게 미소도 한줌, 팔려나간 시집 값을 주는 대로 받아 넣는다.

차마 세어볼 엄두를 내지 못한 채 민망스러움을 얼굴 가득 펴 얹으며 땀 밴 손바닥에 긴장을 꼭 움켜쥐고 거리로 나서는 피에로. 주머니에는 참담한 자존심이 꼬깃거리고 유리창에 잠시 비쳤다 스러지는 화려한 욕망. 아! 찬란한 꿈이여.

- 중략 -

혼신을 다한 시어들이 물구나무서는데 거리를 헤매는 등줄기는 흥건히 젖고 쇼윈도에 비친 모피 코트의 촉감에 흠뻑 취하는 심사는 어찌하나.

시집 몇 백 권쯤 팔아야 모피 코트 값이 될까, 가늠하는 맹한 속을 씻어낼 수 없다. 설렁탕 한 그릇 값이 되지 않는 시집을 사면서 슬프다던 어느 시인의 시 구절을 떠올리며 가슴이 따뜻한 사람을 만나고 싶다는 꿈을 속이 시린 사람들 속에 던져 넣는다.

앞의 글은 1993년 두 번째 시집을 내고 쓴 "슬픈 시인" 이란 수필의 일부다. 지금은 종이책 출판을 해도 E-Book 으로 제작 판매를 하기 때문에 신경 쓸 필요가 없지만 30 여 년 전에는 책을 서점에 사정해서 맡기고 책값을 받아 오곤 했었다

2018년도에 들어서면서 새로운 각오와 다짐으로 7번째 시집을 출간하면서 문득 옛날이 생각나서 적어보았다. 슬픈 추억도 시간이 흐르면 그리운 법이라 했던가!

그저 모든 것이 그립다

여전히 미완의 작품들이라 부끄럽지만 누군가의 가슴에 따뜻한 온기를 비춰주고 내 자신도 항상 고이지 않는 깨끗한 물이기를 희망하며 좀 더 분발하겠다는 다짐으로 또 한권의 시집을 엮었다.

바쁜 중에도 기꺼이 출판을 맡아주신 오늘의문학사 리헌석 회장님, 임직원들과 나를 아는 모든 문인들에게 감사드린다.

2018년 정월에 최 자 영

섬서구메뚜기

최자영 시집

발 행 일 | 2018년 1월 10일
지 은 이 | 최자영
발 행 인 | 李憲錫
발 행 처 | 오늘의문학사
출판등록 | 제55호(1993년 6월 23일)
주 소 | 대전광역시 동구 대전로 867번길 52(한밭오피스텔 401호)
전화번호 | (042)624-2980
팩시밀리 | (042)628-2983
전자우편 | hs2980@hanmail.net
카 페 | cafe.daum.net/gljang(문학사랑 글짱들)
cafe.daum.net/art-i-ma(아트매거진)

공 급 처 | 한국출판협동조합
주문전화 | (070)7119-1752
팩시밀리 | (031)944-8234~6

ISBN 978-89-5669-883-0
값 9,000원

* 이 책은 교보문고에서 E-Book(전자책)으로 제작 · 판매합니다.
* 잘못 제작된 책은 바꾸어 드립니다.
* 이 책은 대전문화재단 과 대전광역시 에서 사업비 일부를 지원받았습니다